U0612599

中国农业大学
国家农业农村发展研究院

CHINA'S RURAL REFORM IN DIAGRAMS

图解中国农村改革40年
1978—2017

李军　蔡海龙　马铃／副主编
吕之望　辛贤／主编
陈锡文／顾问

中国农业出版社
北京

编写说明 >>>

　　乡村振兴战略的提出，为"三农"问题的最终解决提供了理论依据。40 年前，以承认并允许家庭承包经营制度为历史标志，中国正式拉开了农村改革的大幕，开启了农村发展的思想、文化、制度、观念大解放，农村生产力得以摆脱各种桎梏，从此走上了发展快车道。40 年来，这场史无前例的农村改革，不仅让占全世界近五分之一的人口彻底摆脱了饥饿，实现了温饱，为全世界范围内的反贫困、反饥饿做出了巨大的贡献，更为中国的经济社会改革提供了源源不断的要素与思想，成就了中国奇迹。

　　正逢改革开放 40 周年，回顾这些年来我国农村改革波澜壮阔的发展历程，承前启后、继往开来，意义重大。本书以图表、数据的形式，力图以通俗易懂的形式集中呈现 40 年来中国农业、农村改革、农民生活、乡村文明等不同领域的巨变。

　　本书以党的十八大提出的"五位一体"格局，即经济建设、文化建设、政治建设、社会建设、生态文明建设为总体框架，以纵向的数据展现 40

年来的改革和发展的成果，同时也会展现不同时期经济、政治、社会等
领域所面临的核心问题。本书主要采用国家统计局发布的各项宏观数据，
在数据基础上，进行简要的文字说明，以期能够表现出中国农村改革各
个阶段的特征。

　　编者不会讨论过于艰深的理论，本书目标读者是社会各界对农村改
革有所关注的人，可以是政府官员、商界人士、基层干部。当然，也希
望成为专业人士的参考。

目 录 Contents >>>

解
国中
国
农村改革40年··1978—2017 >>>

第一章

绪　论

1.1 中国特色社会主义事业总体布局：五位一体

  五位一体总布局标志着我国社会主义现代化建设进入新的历史阶段，体现了我们党对于中国特色社会主义的认识达到了新境界。五位一体总布局与社会主义初级阶段总依据、实现社会主义现代化和中华民族伟大复兴总任务有机统一，对进一步明确中国特色社会主义发展方向，夺取中国特色社会主义新胜利意义重大。

——新华社

1.2 中央 1 号文件

1.2.1 改革开放初期的中央 1 号文件

年份	中央 1 号文件名称
1982	全国农村工作会议纪要
1983	当前农村经济政策的若干问题

（续）

年份	中央 1 号文件名称
1984	关于一九八四年农村工作的通知
1985	关于进一步活跃农村经济的十项政策
1986	关于一九八六年农村工作的部署

中央 1 号文件认可和推动了家庭承包经营制度，我国的农业发展进入快车道，农村改革也开启了中国总体的经济改革进程。从此，中国经济保持了长期且稳定的增长，创造了经济奇迹。

1.2.2　进入 21 世纪以来的中央 1 号文件

年份	中央 1 号文件名称
2004	关于促进农民增加收入若干政策的意见
2005	关于进一步加强农村工作　提高农业综合生产能力若干政策的意见
2006	关于推进社会主义新农村建设的若干意见
2007	关于积极发展现代农业　扎实推进社会主义新农村建设的若干意见
2008	关于切实加强农业基础建设　进一步促进农业发展农民增收的若干意见
2009	关于 2009 年促进农业稳定农民持续增收的若干意见
2010	关于加大统筹城乡发展力度　进一步夯实农业农村发展基础的若干意见
2011	关于加快水利改革发展的决定
2012	关于加快推进农业科技创新　持续增强农产品供给保障能力的若干意见
2013	关于加快发展现代农业　进一步增强农村发展活力的若干意见
2014	关于全面深化农村改革　加快推进农业现代化的若干意见
2015	关于加大改革创新力度　加快农业现代化建设的若干意见
2016	关于落实发展新理念　加快农业现代化　实现全面小康目标的若干意见
2017	关于深入推进农业供给侧结构性改革　加快培育农业农村发展新动能的若干意见
2018	关于实施乡村振兴战略的意见

农村改革40年··1978—2017 >>>

第二章

农村改革 40 年来的经济建设

在全面开创新局面的各项任务中，首要的任务是把社会主义现代化经济建设继续推向前进。为此，党实事求是地确定了我国经济建设的战略目标、战略重点、战略步骤和一系列正确方针。

我们果断地把党和国家的工作重点转到了经济建设上来，坚决清除经济工作中长期存在的"左"倾错误，认真贯彻执行调整、改革、整顿、提高的正确方针。

——党的十二大报告

2.1 农业经济的长期绩效

2.1.1 农业产值增长

（1）农业增长率

1979—2017 年，国内生产总值（GDP）年均增长率为 9.5%，农业（第一产业）年均增长率为 4.4%。改革开放释放了生产力，农业除了 1980 年增长率为负值，其他年份都保持稳定增长。

（2）农业在国民经济中的地位

一般认为，当第一产业占比降到 20%，工业化就进入中期；当第一产业占比降到 10% 以下，标志着工业化已经完成。

1978 年，第一产业在国内生产总值中占 28.2%；1993 年，该比例降到 20% 以下；2001 年，该比例降到 15% 以下；2014 年，该比例降到 10% 以下；2017 年，第一产业在国内生产总值中占 7.9%。

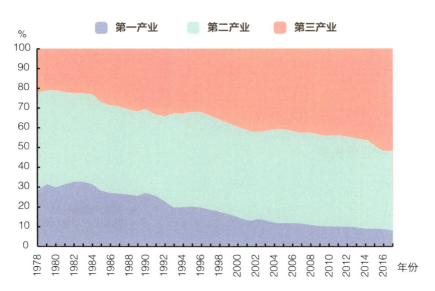

（3）农业税收在财政收入中的比重

农业各项税收在全国财政收入比重，从 1978 年的 2.5% 波动增长到 1996 年的 5%，随后在总趋势下降的情况下，减少到 2016 年的不到 1.5%。 2016 年农业各税（烟叶税和耕地占用税）合计 2 159.4 亿元。

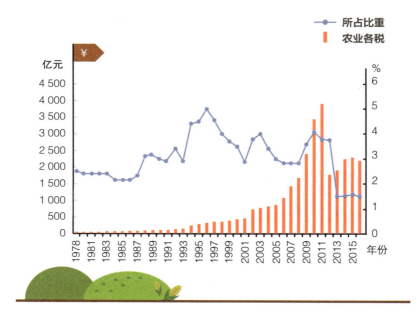

2004 年开始，国务院开始试点免征农业税、烟叶税以外的农林特产税；2006 年 1 月 1 日起正式废止《中华人民共和国农业税条例》，在中国延续 2 000 多年的农业税得以取消，大大减轻了农民负担。

（4）全国每一农业从业人员提供的主要农产品数量的增长

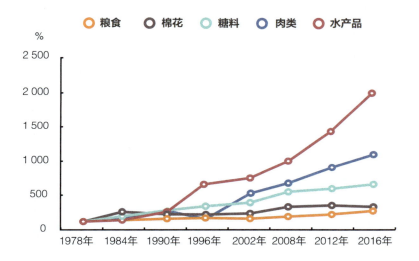

2016 年，农业从业人员人均生产粮食 2 866.8 千克、棉花 24.7 千克、糖料 574.1 千克、肉类 397.2 千克、水产品 321.1 千克，分别是 1978 年的 2.68 倍、3.24 倍、6.86 倍、10.75 倍、19.62 倍。

从粮食的人均占有水平来看，相当于一位第一产业从业人员至少可以为 6 个人提供粮食。

（5）全国主要农产品人均占有产量的增长

农产品的人均占有产量是国内生产对消费的满足程度，2016 年，全国粮食的人均占有产量达到 447 千克、棉花 3.8 千克、油料 26.3 千克、糖料 89.5 千克、牛羊肉类 47 千克、水产品 50.6 千克，分别是 1978 年的 1.4 倍、1.65 倍、4.78 倍、3.59 倍、6.09 倍、10.33 倍。

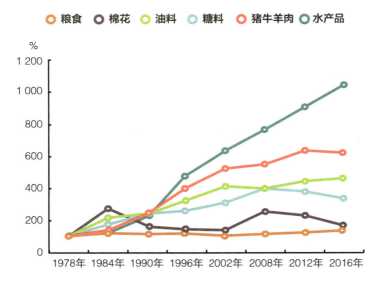

（6）农产品进出口（产值）

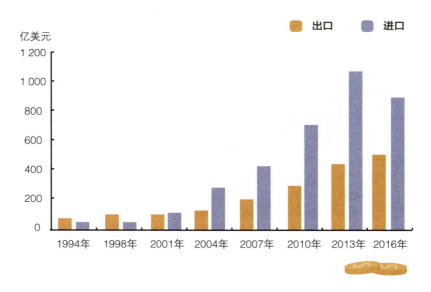

1994—2016 年，我国主要农产品及其加工品出口额从 80.66 亿美元增长到 502.73 亿美元；进口额从 54.56 亿美元增长到 2013 年的 1 058.41 亿美元后，减少到 2016 年的 885.83 亿美元。2002 年起开始出现逆差，后迅

速扩大，2012 年逆差达到 635.79 亿美元，近年来逆差有所减少，2016 年为
383.10 亿美元。

2.1.2　产业结构优化

（1）农林牧渔结构的变化

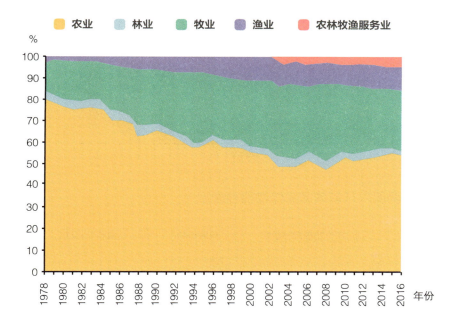

1978—2016 年，农林牧渔产值构成中，农业（种植业）占比有所降低，
从 80% 降到 52.9%；林业占比较为稳定，从 3.4% 增加到 4.1%；牧业、渔
业占比都有较大幅度的增加，牧业从 15% 增加到 28.3%，渔业从 1.6% 增加
到 10.4%；农林牧渔服务业从无到有，2016 年占比达到 4.3%。

（2）农业区域的布局

在农业区域布局演变过程中，呈现向西部和东北地区转移的趋势。
1980—2016 年，农业总产值在东部地区、中部地区、西部地区、东北地区
四大区域的布局，从 36.82%、27.52%、24.86%、10.79% 演变为 34.45%、
26.30%、28.24%、11.01%。

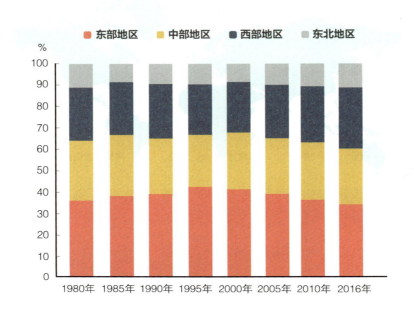

（3）西部大开发地区农作物播种面积

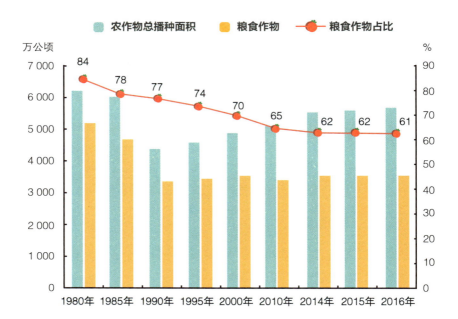

自 1990 年至今，西部大开发 12 省（自治区、直辖市）的农作物播种面积一直在增长，从 4 350.77 万公顷增加到 5 665.06 万公顷，增加了 30.21%；粮食作物播种面积较为稳定，意味着经济作物和其他作物播种面积迅速增长，结构改善明显，其中油料作物增加了 50.64%、棉花增加了 171.76%、糖料作物增加了 103.66%、药材增加了 22.83 倍、蔬果增加了 3.59 倍。

2.1.3 质量效益提升

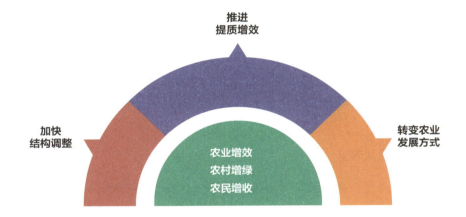

在保持高速增长的情况下，我国农业从追求数量增长向高质量发展转变。在这一过程中，推进提质增效、加快结构调整和转变农业发展方式，都是以农业增效、农村增绿和农民增收为核心目标的。

（1）全国种植业产品成本和收益

受农产品价格支持保护政策影响，粮食作物亩均产值增速很快，1991—2014 年亩均产值从 156.85 元增加到 1 193.35 元。但受成本上涨速度更快的影响，成本收益率以较快速度下降，从高峰时期 1995 年的 99.76% 下降到 2014 年的 11.68%。2014 年以来，受农产品价格下降影响，亩均产值和收益率出现了双下降。

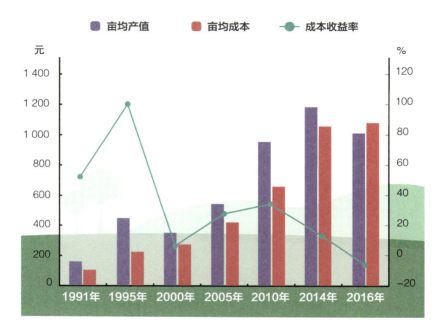

（2）全国饲养业（生猪）产品成本和收益

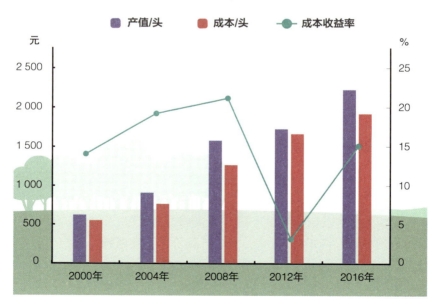

随着畜牧业养殖规模化的推进，以生猪养殖为例，我国饲养业产品的成

本收益率发生着显著变化。

（3）农产品质量安全的提升

随着生活水平的提高和农业生产能力的提升，社会公众对食品安全的要求也越来越高。我国陆续建立起无公害农食品、绿色食品、有机产品的农产品质量安全体系。

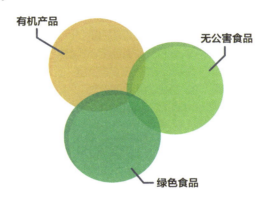

有机产品

无公害食品

绿色食品

■ 2005年《有机产品国家标准》（GB/T 19630.4—2011）正式发布。

■ 农业部于2002年颁布《全面推进"无公害食品行动计划"的实施意见》。

■ 1990年中国开始发展绿色食品，陆续建立起一系列的推荐性农业行业标准。2012年实施新的《绿色食品标志管理办法》。

2.1.4　粮食安全

（1）历年粮食产量

进入 21 世纪之后，粮食总产量有所回落。在中央一系列惠农政策的影响下，粮食生产实现 2004—2015 年的"十二连增"。

（2）不同时期的粮食政策及影响

1978 年以来，为了应对粮食供求的紧张关系，我国粮食流通体制进行了深入改革，出台了一系列农业支持政策。

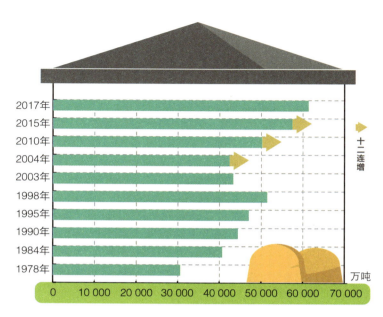

2017年
2015年
2010年
2004年
2003年
1998年
1995年
1990年
1984年
1978年

十二连增

万吨

0　10 000　20 000　30 000　40 000　50 000　60 000　70 000

2016年至今
农业种植
结构调整

2004—2015年
粮食产量实现"十二连增"，在2004年中央1号文件发布以后，取消农业税、实行补贴、最低价收购等一系列政策，强力推动了粮食生产。

1996—1999年
四年平均粮食产量超过10 000亿斤。

1989—1993年
在保护价收购政策和粮食储备政策的双重作用下，粮食产量保持稳定。

1978—1984年
随着联产承包责任制和粮食收购政策的实施，粮食产量迅猛增长，平均每年增长4.95%。

（3）1980—2016 年国内主要农产品自给率变动

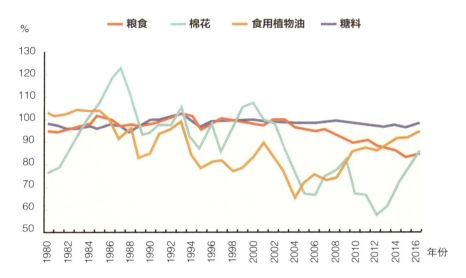

在主要农产品中，食用植物油和棉花的自给率波动较大。在农业资源日趋紧张的情况下，我国仍然能保持粮食自给，践行的发展理念是"中国人的饭碗任何时候都要都要牢牢端在自己手上。我们的饭碗应该主要装中国粮。"

2.2　农业投入数量及其投入方式的变化

2.2.1　财政支农的变化

（1）财政支农总量及其在财政支出比重

改革开放以来，国家对农业从"多取少予"转变为"多予少取"。财政支农支出迅速增长，2016 年达到 18 441.7 亿元，占全国财政支出比重达到9.8%。

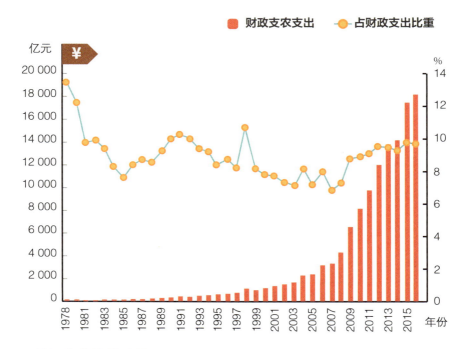

（2）农业补贴政策

21 世纪，我国进入了工业反哺农业的时代，从 2004 年开始减免农业税，到 2006 年完全免除，农民负担大大减轻。同时，一系列的农业补贴政策陆续出台，为保障粮食生产和农民增收提供了有力的支撑。

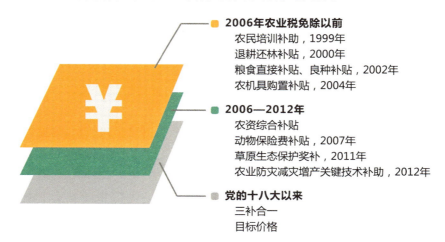

2006年农业税免除以前
农民培训补助，1999年
退耕还林补贴，2000年
粮食直接补贴、良种补贴，2002年
农机具购置补贴，2004年

2006—2012年
农资综合补贴
动物保险费补贴，2007年
草原生态保护奖补，2011年
农业防灾减灾增产关键技术补助，2012年

党的十八大以来
三补合一
目标价格

（3）农业补贴的数据（四项补贴）

与农户生产最直接相关的有四项补贴，即农机具购置补贴、粮食直接补贴、农作物良种补贴、农资综合直补，2015 年比 2004 年增长了 10 倍有余（2013 年以来实行"三补合一"改革，即将以上四项补贴的后三项合并）。

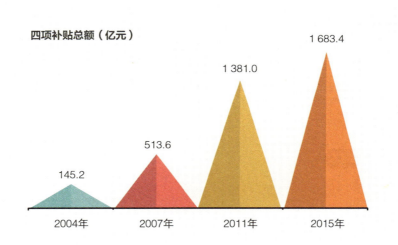

四项补贴总额（亿元）

145.2	513.6	1 381.0	1 683.4
2004年	2007年	2011年	2015年

2.2.2　农业投资的变化

（1）农业固定资产投资总量和占比

随着惠农政策力度不断加大，全社会对农业的固定资产投资迅速增长，2003—2016 年从 1 652.3 亿元增长到 24 853.1 亿元，占全社会固定资产投资的比重从 2.97% 增加到 4.10%。

（2）农户个人投资情况

农户个人投资在近十年里也获得较快增长。其中 2016 年农户固定资产投资是 2006 年的 2.25 倍，农户投资农业的总额是 2006 年的 2.08 倍。

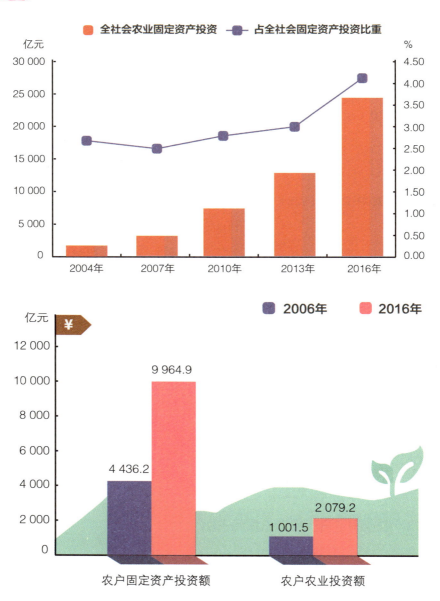

（3）耕地灌溉面积

基于持续的农业基础设施投资，我国耕地灌溉面积占到耕地总面积的一半左右，相当于 1990 年 1.42 倍。这是粮食生产能够保持增长的坚实基础。

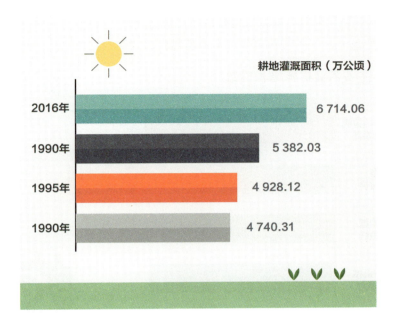

耕地灌溉面积（万公顷）

2016年 6 714.06

1990年 5 382.03

1995年 4 928.12

1990年 4 740.31

2.2.3 农村动力和机械使用情况

（1）农村用电量和柴油使用量的变化

农村用电量（亿千瓦时）　　农用柴油使用量（万吨）

年份	农村用电量	农用柴油使用量
1995年	1 655.7	1 087.8
2000年	2 421.3	1 405.0
2005年	4 575.7	1 902.7
2009年	6 104.4	1 959.9
2013年	8 549.5	2 154.9
2016年	9 238.3	2 117.1

2016 年的农村用电量、农用柴油使用量分别达到了 1995 年水平的 5.58 倍和 1.95 倍，农村用电量的增长尤为迅速。

（2）主要农业机械增长倍数

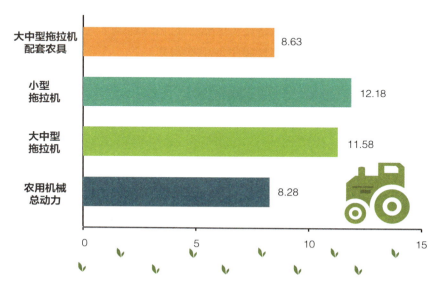

2016 年农用机械总动力是 1978 年的 8.28 倍，其中大中型拖拉机、小型拖拉机、大中型拖拉机配套农具数量分别是 1978 年的 11.58 倍、12.18 倍、8.63 倍；而联合收获机数量是 1978 年的 100 倍。

2.3 农业现代化进展

2.3.1 农业产业化的进程

要使农业生产力获得质的飞越，就需要大力推进农业产业化进程。经过了"公司＋农户""公司＋合作社＋农户"的一系列探索，我国农业产业化得以大幅度推进，达成以下共识：

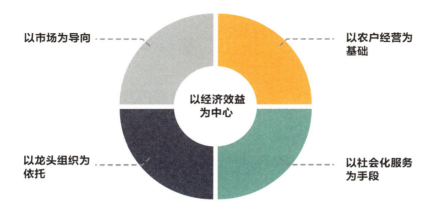

2.3.2　规模经营的发展

（1）2016 年规模经营的比重

进入 21 世纪以来，我国耕地流转规模不断加大，经济发展日趋活跃，种养大户、家庭农场、农民合作社、农业企业等新型农业经营主体蓬勃发展。

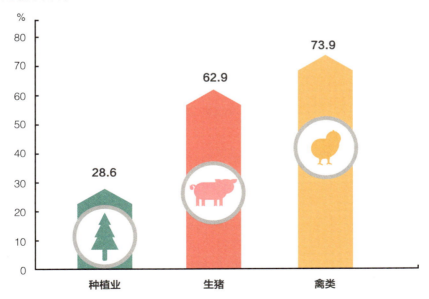

第三次全国农业普查结果显示，2016 年末，全国规模农业经营户398 万户；规模农业经营单位 204 万个，农业经营单位数量较十年前增长417.4%。

（2）服务规模化：2000—2014 年农机作业服务组织的发展

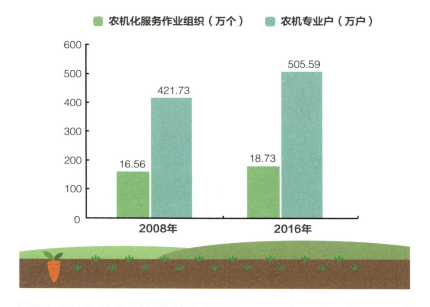

我国农业的规模化服务获得稳步增长。2016 年，全国农机化服务作业组织达到 18.73 万个，农机专业户 505.59 万户，分别是 2008 年（农机化服务作业组织 16.56 万个、农机专业户 421.73 万户）的 1.13 倍和 1.2 倍。

2.3.3　农业信息化

信息技术成为农业生产和发展的重要推力。在农产品生产和流通领域，信息正在成为与土地、资本、劳动力同样重要的生产要素。

2005 年中央 1 号文件提出加强农业信息化建设，近年来，发展农村电子商务连续被写入中央文件，"互联网＋"在当前的农业发展中扮演着越来越重要的角色。

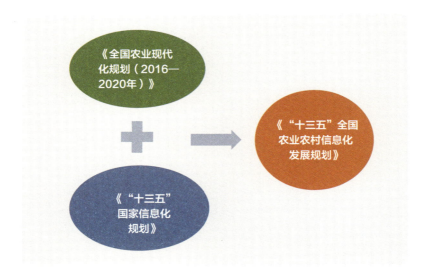

解
读
中
国

农村改革40年··1978—2017 >>>

第三章

农村改革 40 年来的文化建设

在全党把工作重点转移到现代化经济建设上来以后，党中央曾多次郑重提出：我们在建设高度物质文明的同时，一定要努力建设高度的社会主义精神文明。这是建设社会主义的一个战略方针问题。社会主义的历史经验和我国当前的现实情况都告诉我们，是否坚持这样的方针，将关系到社会主义的兴衰和成败。

——党的十二大报告

　　社会主义现代化应该有繁荣的经济，也应该有繁荣的文化。我国现代化建设的进程，在很大程度上取决于国民素质的提高和人才资源的开发。面对科学技术迅猛发展和综合国力剧烈竞争，面对世界范围各种思想文化相互激荡，面对小康社会人民群众日益增长的文化需求，全党必须从社会主义事业兴旺发达和民族振兴的高度，充分认识文化建设的重要性和紧迫性。

——党的十五大报告

3.1　文化事业与乡村振兴

3.1.1　文化事业费的增长

　　1980—2015 年，我国文化事业蓬勃发展，文化事业费整体呈快速增长的趋势。1980—2015 年，文化事业费总额增加了 677.3 亿元。随着我国社会矛盾的转变，人民群众对于文化生活的追求不断提高，可以预计未来文化事业费将继续增长。

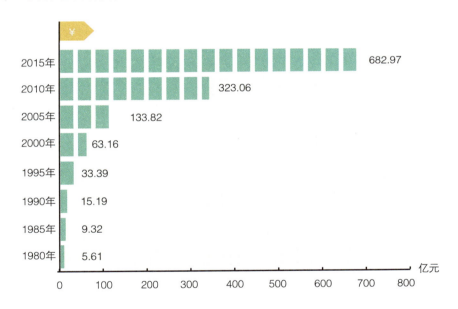

3.1.2　乡村文化振兴的意义

　　乡村振兴战略的提出是新时期深入解决"三农"问题的重要契机，乡村文化振兴是乡村振兴的核心环节。只有实现乡村文化振兴，才能真正体现文化自信。

习近平总书记说："要推动乡村文化振兴，加强农村思想道德建设和公共文化建设，以社会主义核心价值观为引领，深入挖掘优秀传统农耕文化蕴含的思想观念、人文精神、道德规范，培育挖掘乡土文化人才，弘扬主旋律和社会正气，培育文明乡风、良好家风、淳朴民风，改善农民精神风貌，提高乡村社会文明程度，焕发乡村文明新气象。"

3.2 农村公共文化设施建设

3.2.1 农村文化网络的建设和发展

（1）县级图书馆情况

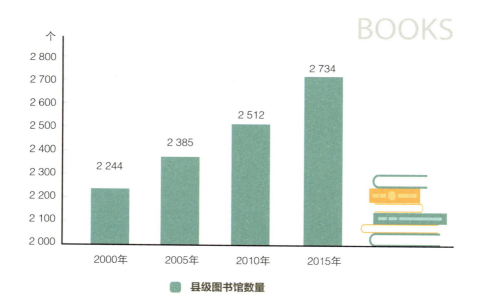

总体看，2000—2015 年，我国县级图书馆数量变动呈稳定增长的趋势，到 2015 年，我国县级图书馆已经达到 2 734 个。县级图书馆有效拓宽了基层人民群众获取知识的渠道，更丰富了人民群众的文化生活。

（2）乡镇文化站的发展

1995—2015 年，我国农村乡镇文化站数量呈现先减少后增长的趋势。到 2015 年，我国农村共有乡镇文化站 34 239 个，比 2010 年增长了 0.3%。

乡镇文化站数量

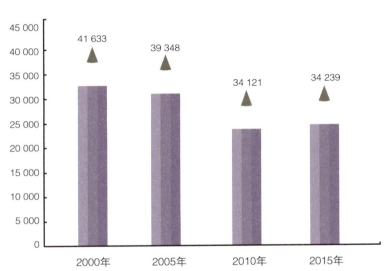

（3）农村地区网吧的发展状况

2007—2015年，我国主要面对农村地区网络消费的网吧数量总体呈现上升趋势，尤其是县级以下农村地区网吧数量持续上升，不断满足农民群众在工作和娱乐方面的需求。

（4）乡村体育场数量的增长

根据第五次和第六次全国体育场地普查数据公报，2005—2013年，我国乡村体育场数量大大增加，从6.64万个增至67.97万个，增长了9.2倍。当前，平均每个行政村至少拥有一个体育场，是农村居民日益增长的锻炼、娱乐需求的体现。

3.2.2 文化传播渠道的变化

（1）主要年份农村广播电视节目人口覆盖率的情况

我国农村电视节目人口覆盖率基本要高于广播节目人口覆盖率。近十多年来，我国农村广播节目人口覆盖率逐年上升，到2015年已经达到了97.53%的水平；我国农村电视节目综合人口覆盖率经历了先下降后上升的变动，到2015年已经达到了98.32%。

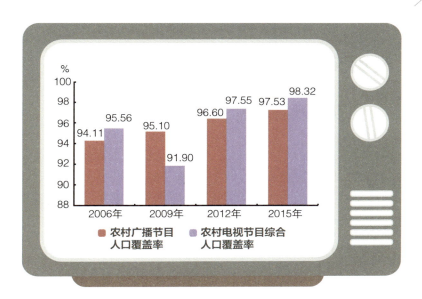

（2）农村及城镇互联网普及率

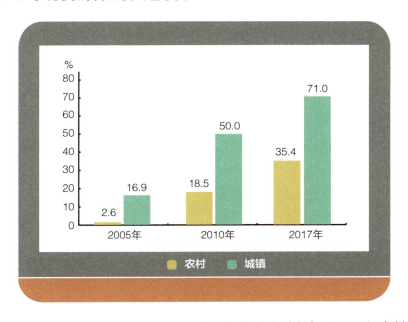

　　21 世纪是互联网迅猛发展的时代。根据相关统计数据，2005 年农村地区互联网普及率不足 3%，而 2017 年已经达到 35.4%。虽然目前农村互联网普及率只相当于城镇水平的一半，但是农村互联网普及率的增速是快于城镇地区的。

3.3 农村文化人才队伍建设

3.3.1 文化队伍及其培训

近 20 年来，乡镇文化站的从业人员和在编职工都有一定程度增长。2015 年，乡镇文化站从业人员人数是 1996 年的 1.63 倍，在编职工人数是 1996 年的 1.5 倍。乡村的文化战线上活跃着越来越多的有生力量，构成了乡村文化振兴的重要基石。

（1）乡镇文化站人员

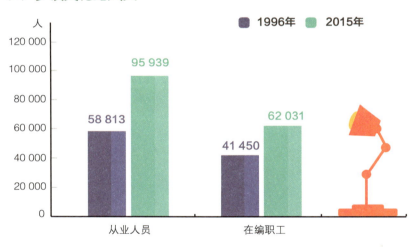

（2）乡镇文化站训练班结业人次

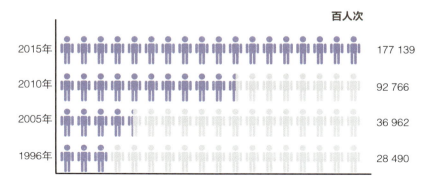

乡镇文化站通过举办训练班培训农村文化人才队伍，2015 年全国乡镇文化站训练班结业学员超过 1 700 万人次，是 1996 年的 6.22 倍。

3.3.2 创业辅导和职业培训

（1）新型职业农民培训

为了提高农业生产中科技的应用水平，广大农民积极参与到各种培训中去。根据第一次全国农业普查主要数据公报，1996 年，农村参加过农业技术培训的人员达 2 245.8 万人，占全国从事农业劳动的人员总数的 5.3%。

"十三五"时期新型职业农民培育目标

1 272万
目标
2015年

2 000万
目标
2020年

新时期需要培训更多的新型职业农民，"十三五"时期，我国新型职业农民培育发展主要指标是到 2020 年新型职业农民数量达到 2 000 万，需要年均增加 146 万。

（2）农民工培训

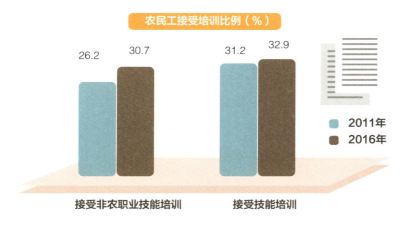

农民工接受培训比例（％）

26.2　30.7　31.2　32.9

接受非农职业技能培训　接受技能培训

2011年
2016年

只有拥有更高技能，农民工才能在非农领域获取更高报酬。数据显示，越来越多的农民工接受技能培训，其中接受非农职业技能培训的比例增长更为显著，从 2011 年的 26.2% 增加到 2016 年的 30.7%。

3.4 公共文化服务均衡发展

3.4.1 文化艺术知识普及和培训

（1）乡村电影市场情况

2010 年以来，我国农村电影市场也有一定的发展。从农村影片订购场次来看，虽然期间也有所起落，但是总体保持上升态势。

（2）乡镇文化站举办活动次数

举办展览和组织文艺活动是乡镇文化站的重要活动，也是文化知识普及的重要举措。2015 年，乡镇文化站举办展览的数量是 1996 年的 1.65 倍，组织文艺活动的次数更是大大增加，2015 年是 1996 年的 3.33 倍，极大丰富了农村居民的文化生活。

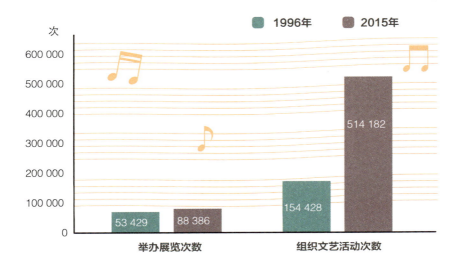

（3）艺术场馆、表演艺术团体数量及演出情况

2005—2015 年，我国艺术场馆数量和表演艺术团体数量都有一定幅度的上升，其中以表演艺术团体数量上升幅度最大，增长近 3 倍；艺术团体在农村的演出观众人次上升幅度达到 135.3%。2015 年艺术表演团体在农村的演出场次占总演出场次的 66.0%，农村观众人次占国内演出观众总人次的 61.0%。

3.4.2 农村居民的文化消费

（1）农村居民文化娱乐消费支出情况

农村居民文化娱乐消费支出　　农村居民文化娱乐占消费支出比重

近年来，农村居民文化娱乐消费支出不断增加，反映了农村居民精神生活需求的持续提高。在消费支出绝对数量迅速提高的基础上，农村居民文化娱乐占消费支出的比重也在提升，从 2013 年的 2.3% 提高的 2015 年的 2.6%。

（2）农村居民休闲娱乐情况

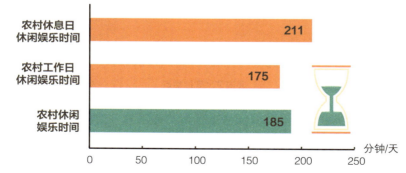

根据国家统计局 2008 年时间利用调查数据，我国农村居民在工作日和休息日每日休闲娱乐时间分别为 175 分钟和 211 分钟，平均休息时间为

185 分钟，以使用媒体（如看电视）为主要休闲娱乐方式。休闲娱乐参与率是指参与休闲娱乐的人数占全部调查对象的比重。从调查结果看，农村居民休闲娱乐参与率较高，平均为 93%，其中男性参与率为 94%，比女性高 3 个百分点。

3.5　乡风文明

3.5.1　乡风文明的重要意义

2005 年 10 月，党的十六届五中全会提出建设社会主义新农村的重大历史任务，提出了"生产发展、生活宽裕、乡风文明、村容整洁、管理民主"的具体要求。党的十九大报告提出乡村振兴战略的总体要求是"产业兴旺、生态宜居、乡风文明、治理有效、生活富裕"。

乡风文明是农村文化建设的重要组成部分，对于弘扬中华民族传统美德、农村发展和农民幸福生活都是不可或缺的。

3.5.2　新乡贤文化

乡贤文化是我国传统文化的主要组成部分，它的重生对于社会主义核心价值观具有重要意义，也是促进乡村治理现代化的重要助力。

中央 1 号文件里的"新乡贤文化"

创新乡贤文化，弘扬善行义举，以乡情乡愁为纽带吸引和凝聚各方人士支持家乡建设，传承乡村文明（2015 年）。

培育文明乡风、优良家风、新乡贤文化（2016 年）。

培育与社会主义核心价值观相契合、与社会主义新农村建设相适应的优良家风、文明乡风和新乡贤文化（2017 年）。

积极发挥新乡贤作用（2018 年）。

第四章

改革进程中的政治建设

发展社会主义民主政治，建设社会主义政治文明，是全面建设小康社会的重要目标。必须在坚持四项基本原则的前提下，继续积极稳妥地推进政治体制改革，扩大社会主义民主，健全社会主义法制，建设社会主义法治国家，巩固和发展民主团结、生动活泼、安定和谐的政治局面。

　　　　　　　　　　　　　　　　　——党的十六大报告

4.1 村庄民主的立法与实践

4.1.1 村庄民主的立法和相关制度的完善

（1）村民自治的相关法律法规

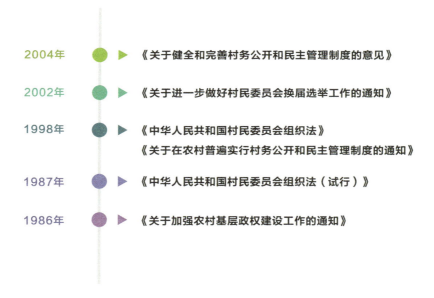

2004年 ▶ 《关于健全和完善村务公开和民主管理制度的意见》

2002年 ▶ 《关于进一步做好村民委员会换届选举工作的通知》

1998年 ▶ 《中华人民共和国村民委员会组织法》
《关于在农村普遍实行村务公开和民主管理制度的通知》

1987年 ▶ 《中华人民共和国村民委员会组织法（试行）》

1986年 ▶ 《关于加强农村基层政权建设工作的通知》

2018 年中央 1 号文件提出，依托村民会议、村民代表会议、村民议事会、村民理事会、村民监事会等，形成民事民议、民事民办、民事民管的多层次基层协商格局。

（2）村务公开的建立和完善

村务公开经过多年的探索，已经形成完善的制度化安排，它是村庄民主管理的核心，也是村庄和谐稳定发展的基础。

萌芽阶段	从农村家庭承包制改革至《中华人民共和国村民委员会组织法（试行）》颁布期间，多地进行村务公开尝试，村庄将集体收入、计划生育、宅基地分配状况进行公布。
规范阶段	从《中华人民共和国村民委员会组织法》试行到正式颁布期间，我国又出台多项村务公开的指导性文件。
普及和成熟阶段	党的十六大报告和十七大报告对基层民主都有明确要求，村务公开成为提升基层民主管理水平的重要抓手。
党的十八大以来	2013年和2014年中央1号文件强调要深入推进村务公开。

（3）村务公开流程

（4）"一事一议"制度

"一事一议"用于在村级范围内兴办水利和农田基本建设、修建村级道路和桥梁、植树造林等集体生产、公益事业时筹集资金和劳务用工。

在农村税费改革的背景下，地方创造的"一事一议"制度于2000年被中央当作典型在全国推广。

2007年发布《村民"一事一议"筹资筹劳管理办法》。

遵循的原则是"量力而行、群众受益、民主决策、上限控制、使用公开"。

2008年中央开始在部分省份开展村级公益事业建设"一事一议"财政奖补试点，2011年在全国全面推开。

2008—2013年，估算全国各级财政累计投入"一事一议"财政奖补资金2 391亿元，其中中央财政投入 732亿元，带动村级公益事业建设总投入5 000多亿 元。

2015年各级财政共安排"一事一议"财政奖补资金约500亿元，其中中央财政投入218亿元。

4.1.2 村庄民主的实践进程

（1）村民自治的发展

村民自治发端于20世纪80年代初期，发展于80年代，普遍推行于90年代。

至2005年，全国各地已经制定或修订了村民委员会组织法实施办法或选举办法。

中国85%的农村已经建立了实施民主决策的村民会议或村民代表会议制度。

2012年底，村民委员会直接选举比例达到98%。

村民自治是乡村振兴的核心。以民主选举、民主决策、民主管理、民主监督为主要内容的村民自治成为 2005 年《中国的民主政治建设》白皮书的亮点。

（2）村民自治示范活动

民政部为推动村民自治，在 1995—2003 年三次进行村民自治示范县的评选活动。除此以外，各省也发起评选省级村民自治示范县的活动。这些举措极大推进了村民自治的发展。

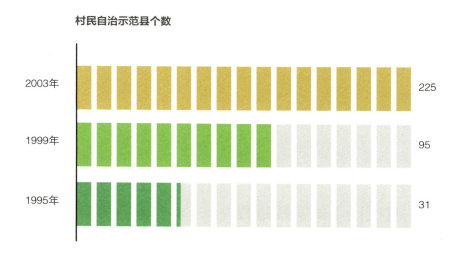

村民自治示范县个数

2003年 225

1999年 95

1995年 31

4.2 村庄内部组织机构的建立健全

4.2.1 村庄内部组织的数量

总体来看，近 20 年间，村民委员会、村民小组以及村民委员会成员的数量都呈现一定程度下降，如村民委员会数量已经降至 58.1 万个。这是基层民主治理机构精简的结果，乡村的政治生活继续向有效治理的目标迈进。

4.2.2 基层党组织和党员的发展

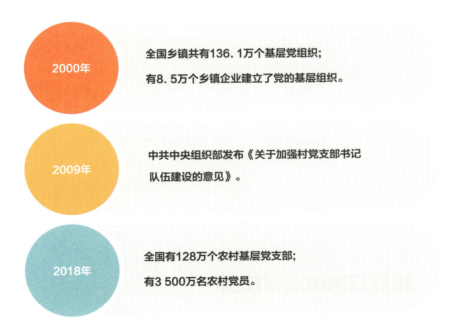

　　基层党组织在农村的经济、文化发展和社会稳定中发挥着非常重要的作用，据统计，2016 年超过 99% 的乡镇和建制村已经建立起党组织。

4.2.3 农村妇女组织的发展

"妇女能顶半边天"，女性在基层民主生活中占据着越来越重要的地位，发挥着越来越重要的作用。近年来的基层妇代会改建妇联的部署，能够把更广大、更优秀的女性吸引到基层的经济民主工作中来。

妇女进村"两委"

2008年女性在村"两委"担任职务的比例约为20%

2012年女性在村"两委"担任职务的比例已经达到90%左右

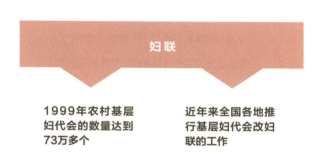

妇联

1999年农村基层妇代会的数量达到73万多个

近年来全国各地推行基层妇代会改妇联的工作

4.3 基层政治建设与扶贫

4.3.1 基层党建与扶贫

"村民富不富，关键看支部；村子强不强，要看'领头羊'。"农村基层党组织在扶贫攻坚战中发挥着至关重要的作用。

2015 年 11 月 29 日，中共中央、国务院发布的《关于打赢脱贫攻坚战的决定》，明确指出要"切实加强贫困地区农村基层党组织建设，使其成为带领群众脱贫致富的坚强战斗堡垒。"

4.3.2　基层团建与农民致富

农村基层团建也在有序发展。至 2005 年底，农村团员达到 2 118.9 万名，农村团员占到团员总数的 30%。2013 年全国共有乡镇团委 3.4 万个，村级团支部 58 万个，各类直属团组织 63.3 万个。他们在带领农民致富中可以发挥重要作用。

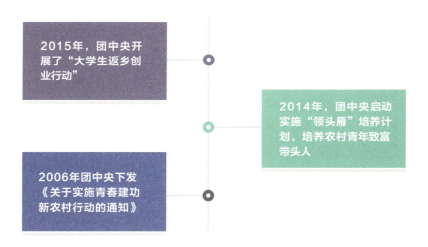

2015年，团中央开展了"大学生返乡创业行动"

2014年，团中央启动实施"领头雁"培养计划，培养农村青年致富带头人

2006年团中央下发《关于实施青春建功新农村行动的通知》

农村改革40年··1978—2017 >>>

第五章

改革进程中的
社会建设

社会建设与人民幸福安康息息相关。必须在经济发展的基础上，更加注重社会建设，着力保障和改善民生，推进社会体制改革，扩大公共服务，完善社会管理，促进社会公平正义，努力使全体人民学有所教、劳有所得、病有所医、老有所养、住有所居，推动建设和谐社会。

——党的十七大报告

5.1 农村社会事业的发展

5.1.1 农村教育事业

（1）农村普通中小学教育数量

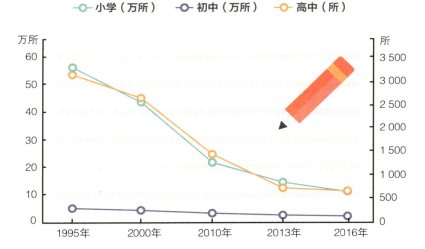

1995—2016 年，我国农村普通中学和小学学校数量呈现大幅度的下降。小学学校数量从 1995 年的 55.9 万所锐减至 10.6 万所，减幅达 81.0%；初中学校数量从 4.56 万所减少到 1.62 万所，减幅达 64.5%；高中学校数量从 3 112 所减少到 652 所，减幅达 79.0%。2001 年开始，在全国范围内对农村教育资源进行整合，摒弃了"村村办学"的方式，对地理位置临近的学校进行资源合并。

（2）农村普通中小学专任教师数量

1995—2016 年，农村普通中小学专任教师数量整体呈先大幅下降后缓慢下降的态势。2016 年，农村高中专任教师 5.5 万人、初中专任教师 60.8 万人、小学专任教师 197.5 万人。

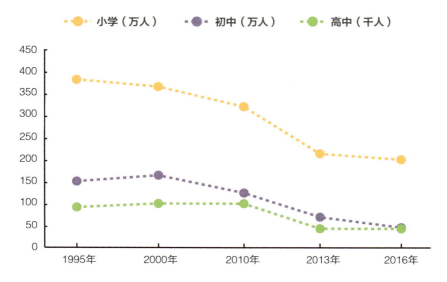

2005 年 12 月 24 日，国务院印发《关于深化农村义务教育经费保障机制改革的通知》，决定从 2006 年开始，用五年时间逐步将农村义务教育全面纳入公共财政保障范围。至此，进入农村义务教育阶段学生学杂费全免的新阶段。

（3）农村成年教育学校数量

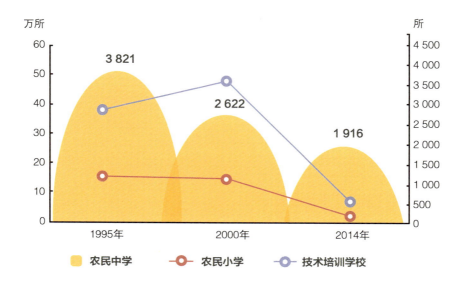

1995—2014 年，我国农村农民小学、农民中学及技术培训学校数量整体呈现下降的趋势。2014 年，我国农村共计有农民小学 1.8 万所，农民中学 1 916 所，技术培训学校 8.2 万所。

（4）农村成年教育专任教师数量

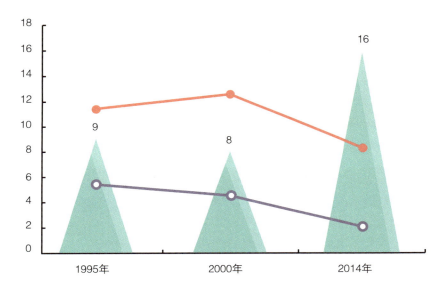

1995—2014 年，农村成年教育专任教师数量与学校数量变动趋势基本一致。2014 年农民小学专任教师数量为 2.2 万人，与往年水平一致；技术培训学校专任教师数量为 8.4 万人，较往年有所减少。2013—2014 年农民中学专任教师数量提高了一倍，达到 1.6 万人。

（5）农村教育经费的增长

2000—2015 年，我国农村中小学校教育经费投入呈现显著上升的趋势。2015 年，农村小学教育经费合计 6 396.5 亿元，比 2000 年增长 9.4 倍，其中国家财政性教育经费占总经费数的 97.4%；农村中学教育经费合计 3 679.5 亿元，比 2000 年增长 11 倍，其中国家财政性教育经费占总经费数的 95.6%。

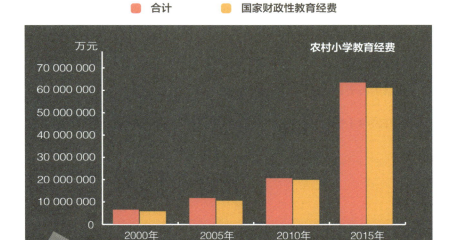

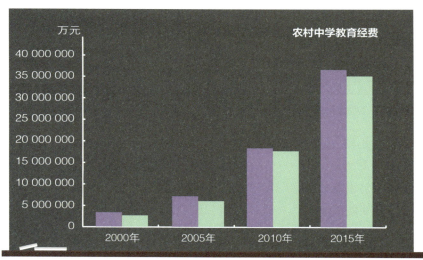

（6）农村居民家庭劳动力文化程度

1990—2012 年，农村劳动力文化程度基本集中在小学及初中程度，约占总体的 79.1%，其次为高中及中专程度，占 12.7%。近年来，我国农村劳动力文盲程度显著下降，1990 年不识字或识字很少的农村劳动力大概占

20.7%，2012 年这个数字下降为 5.3%；同时，大专及大专以上文化程度的农村劳动力占比从 1990 年的 0.1% 增加至 2012 年的 2.93%。

农村劳动力文化状况

■ 不识字或识字很少　■ 小学及初中程度　■ 高中及中专程度　■ 大专及大专以上

（7）进城务工子女在校情况

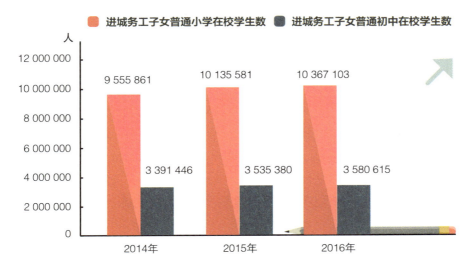

■ 进城务工子女普通小学在校学生数　■ 进城务工子女普通初中在校学生数

总体来说，进城务工子女普通小学在校学生人数远大于普通初中在读

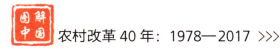

人数。三年来，进城务工子女普通小学及初中在校人数均有上升。2015—2016 年进城务工子女普通小学在校人数增加约 23.2 万人，而进城务工子女普通初中在校人数增加了约 4.5 万人。

（8）农村留守儿童在校情况

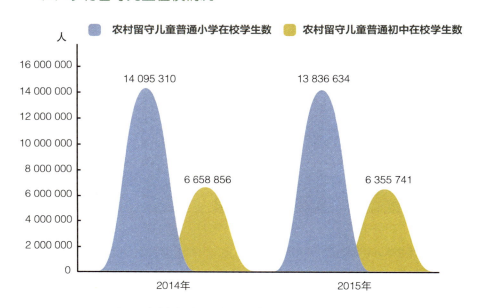

2014—2015 年，农村留守儿童普通初中及普通小学在校学生数均有减少，减幅分别为 1.8% 和 4.6%。

5.1.2 农村医疗卫生

2002 年 10 月，中共中央、国务院《关于进一步加强农村卫生工作的决定》明确指出要逐步建立以大病统筹为主的新型农村合作医疗制度，到 2010 年新型农村合作医疗制度基本覆盖农村居民。为推进城乡统筹，2016 年国务院出台《关于整合城乡居民基本医疗保险制度的意见》，明确提出整合城镇居民基本医疗保险和新型农村合作医疗两项制度，建立统一的城乡居民基本医疗保险制度。

根据国家提出的"十三五"时期提升全民教育和健康水平的任务，"健康中国"成为国家战略。

（1）新型农村合作医疗情况

2010—2016 年，我国参加新型农村合作医疗人数整体下降，补偿受益人次先上升后下降，新型农村合作医疗参与率稳步上升；2016 年参加新型农村合作医疗人数为 2.75 亿人，补偿受益 6.57 亿人次，参合率达到99.4%，其中 2016 年数值较往年显著变动，这与我国部分省实行了城乡统筹的居民医疗保险制度相关。

（2）农村乡（镇）卫生院、卫生人员数量

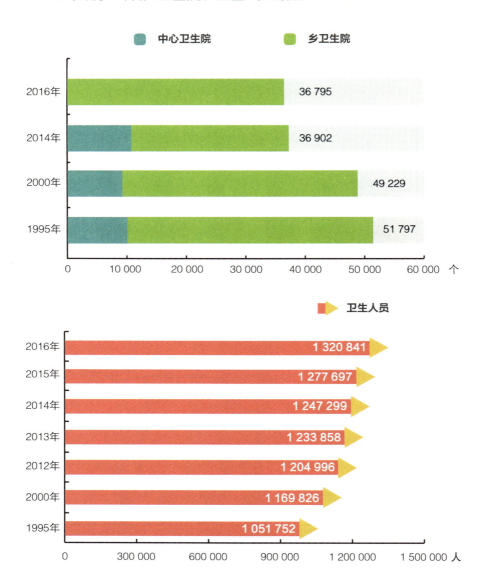

1995—2014 年，农村卫生院总量减少，主要是乡卫生院数量减少所致。2014 年中心卫生院 10 540 个，比 1995 年增长 4.4%，但乡卫生院数量减少幅度达 36.8%。2016 年乡（镇）卫生院达到 36 795 个。村卫生人员数量总体在稳步上升，可以反映出农村医疗事业在稳步前进。

（3）农村乡村医生及卫生员配备情况

从每个村配备的乡村医生和卫生员数量来看，数量基本稳定在 1 人以上，每千个农业人口中乡村医生和卫生院的人数也稳定在略低于 2 人的水平。

（4）乡（镇）卫生院医疗服务

改革开放以来，乡（镇）卫生院入院人数及诊疗人次大致呈现先下降后上升的趋势，尤其是 2007 年以来，整体数量显著提升。2016 年乡（镇）卫

生院入院 3 800 万人，诊疗次数达到 10.82 亿人次。

（5）乡（镇）卫生院支出统计

2010 年以来，乡（镇）卫生院总支出不断上升，幅度达到 129.6%；医疗卫生支出先上升后略有下降，2016 年达到 539.4 万元；医疗卫生支出占总支出比重略有下降，2010 年医疗卫生支出占卫生院总支出的 91.6%，2016 年该比例降为 80.9%。

5.1.3 农村社会保障

（1）乡村抚养比

2004—2016 年，乡村人口抚养比经历了先下降后上升的过程。其中，2016 年少儿抚养比仍低于 2004 年的水平，而老年抚养比则一直处在上升态势，这意味着我国需要有效应对老龄化的问题。

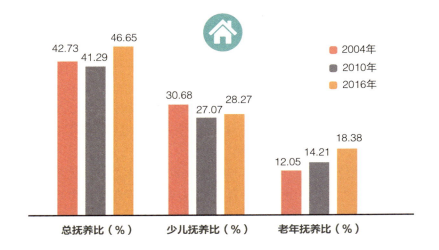

（2）农村养老服务机构情况

1995—2014 年，我国农村老年收养性福利机构数量整体呈下降的趋势，收养老人的数量整体先上升后下降；2014 年，我国农村老年收养性福利机构 20 261 个，同比减少 33.0%，收养老人 149.9 万人，同比减少 23%。

（3）新型农村养老保险

为了让农村居民老有所养，2009 年 9 月 1 日，国务院发布《关于开展新型农村社会养老保险试点的指导意见》，提出开展新型农村社会养老保险试点，覆盖面为全国 10% 的县（市、区、旗）。

新型农村社会养老保险制度包含了个人缴费、集体补助、政府补贴，结合社会统筹与个人账户，与居家养老、土地保障、社会救助等其他措施一起，成为农村居民老年基本生活的保障。

此后，健全新型农村社会养老保险政策体系成为农村政策的关注点。2014 年中央 1 号文件提出了"整合城乡居民基本养老保险制度"的任务，从此农村居民的养老保障成为城乡一体化的重要指标。

5.1.4 人口与计划生育

2013 年 11 月，《中共中央关于全面深化改革若干重大问题的决定》提出"启动实施一方是独生子女的夫妇可生育两个孩子的政策"，2015 年 12 月 27 日全国人大常委会表决通过了《中华人民共和国人口与计划生育法修正案》，全面"二孩"政策于 2016 年 1 月 1 日起正式实施，标志着我国施行了 30 余年的"独生子女政策"退出历史舞台。

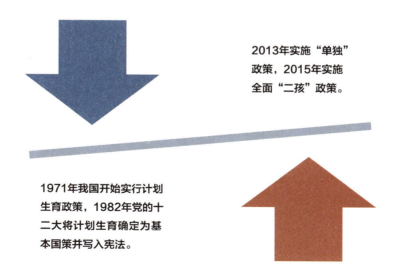

2013年实施"单独"政策，2015年实施全面"二孩"政策。

1971年我国开始实行计划生育政策，1982年党的十二大将计划生育确定为基本国策并写入宪法。

（1）农村儿童（8 岁）身体发育情况

儿童身体发育情况是营养水平和医疗保健水平的反映。改革开放以来，农村儿童的平均身高与体重均有所提高，且男孩的增长幅度略小于女孩。

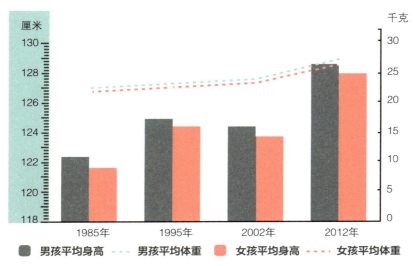

（2）农村青少年（16 岁）身体发育情况

总体来看，改革开放以来，农村青少年的平均身高与体重均有不同程度提高，男孩的增长幅度略大于女孩。

农村改革 40 年：1978—2017 >>>

5.1.5 农村基础设施建设

（1）乡镇建设财政性资金投资情况

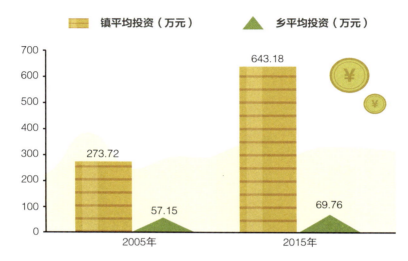

2005—2015 年，我国建制镇和乡建设财政性资金投资显著增长，2015 年建制镇平均建设财政性资金投资达到 2005 年的 2.35 倍，乡平均建设财政性资金投资总量达到 2005 年的 1.22 倍。

（2）乡镇道路、桥梁情况

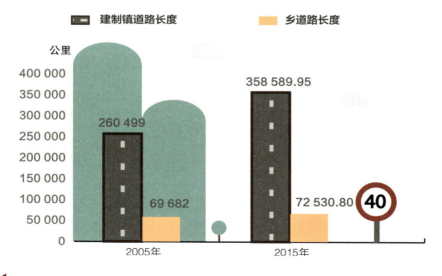

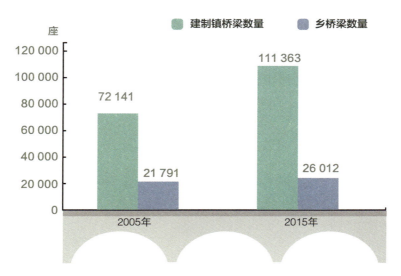

2005—2015 年，我国建制镇道路长度及乡道路长度呈现不同幅度的增长，其中建制镇的道路长度增长量大于乡道路增长量。建制镇及乡桥梁数量与道路变动情况相似。

（3）村庄规划和整治情况

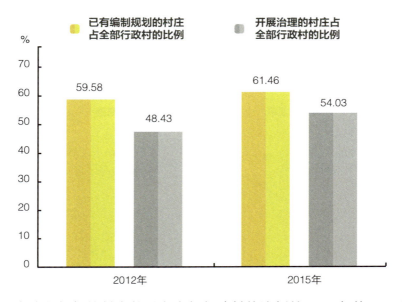

已有编制规划的村庄数量占全部行政村的比例从 2012 年的 59.58% 上升至 2015 年的 61.46%；开展治理的村庄数量占全部行政村的比例由 2012

年的 48.43% 上升至 2015 年的 54.03%，反映出近年来我国村庄规划和整治在稳步推进。

（4）村庄建设投资情况

2005—2015 年，我国村庄建设投资不断增大，十年间增幅达到 205.5%；住宅投资占总村庄建设投资的比例从 2005 年的 56.0% 上升至 2015 年的 60.6%。

（5）村庄公共设施情况

2005—2015 年，我国农村年生活用水总量先快速上升后略有下降；农村供水普及率从 2005 年的 42.70% 上升至 2015 年的 65.23%，普及率还有待提高。

5.2 社会结构的优化

5.2.1 城乡与区域结构

（1）人口城镇化率变动情况

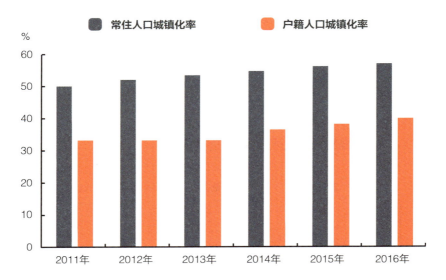

1978 年以来，中国城镇化率迅速推进，2017 年达到 58.52%，相比 1978 年增加了 38.6 个百分点；近年来基本上保持着每年增加 1 个百分点的快速推进态势。

（2）农民工总量

2011 年以来，农民工总量还在持续增长。2017 年，农民工总数已经达到 2.87 亿人，相当于全国总人口的 20.6%。2014 年后农民工年增长率趋缓，一直在 2% 以下。

5.2.2 人口和就业结构

（1）农村家庭常住人口和劳动力的变动

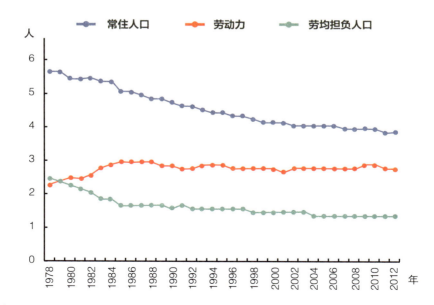

1978—2012 年，中国农村家庭常住人口、劳动力分别从 5.7 人、2.3 人演变到 3.9 人、2.8 人。总体上，农村家庭常住人口数量在减少、劳动力数量在增加，劳均负担人口从 2.5 人减少到 1.4 人。

（2）农村家庭常住人口和从业人员的变动

2013—2016 年，根据新的调查统计口径，农村家庭常住人口和常住从业人员基本稳定；平均每户家庭从业人口比重略有下降，从 63.4% 下降到 61.5%；平均每一从业人口负担人数（包括从业者本人）维持在 1.6 人。

（3）劳动就业的总体结构

1995 年以来，随着农业在国民经济中地位的变动，农业就业人员比重持续下降，2016 年这一比重已经接近四分之一。因为农村二、三产业的发展，乡村仍有较为广阔的就业空间，乡村就业人员的比重在 2016 年为 46.6%。

■ 农业就业人员比重　　■ 乡村就业人员比重

5.2.3　收入和消费结构

（1）农村居民人均收入实际增长情况

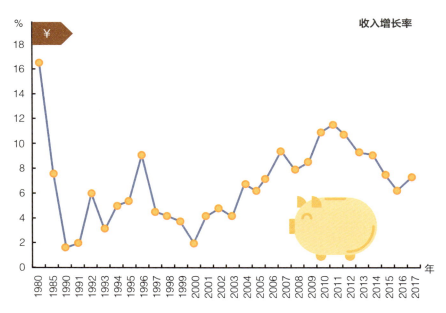

收入增长率

改革开放以来，农村居民人均收入迅速增长，2017 年达到 13 432 元。

2010 年以来，农村居民收入增长率一直高于城镇居民收入增长率，也高于 GDP 增长率。

（2）农村居民人均收入结构变化

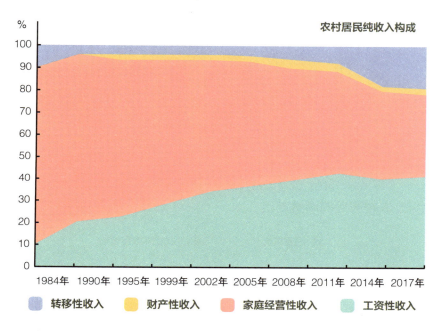

总体上，1984—2017 年，农村居民人均收入结构多元化增长特征明显，其中以农业收入为主的家庭经营性收入占比逐渐减少，工资性收入、转移性收入占比增加，财产性收入从无到有。2017 年农村居民人均可支配收入中，工资性收入 5 498 元、增速 9.5%，经营性收入 5 028 元、增速 6.0%，财产性收入 303 元、增速 11.4%，转移性收入 2 603 元、增速 11.8%。

（3）城乡收入差距

改革开放初期，农村居民收入增长更快，城乡收入比也降到 2 以下。以后，直到 2010 年前后，城乡收入比一直处在上升阶段。2010 年以来，城乡收入差距出现缩小态势，2017 年降至 2.71。2017 年农村居民人均可支配收入实际增速高于城镇居民 0.8 个百分点。

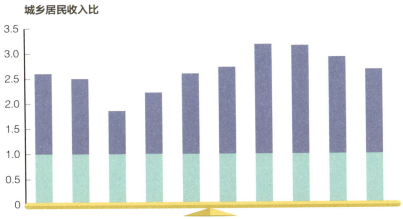

城乡居民收入比

（4）农村居民的消费支出

随着收入的增长，农村居民的消费支出也快速上升。2012 年达到 5 908 元，是 1990 年水平的 10 倍。2013 年达到 6 625.5 元，统计口径调整后为 7 485.2 元。按照新的统计口径，2016 年农村居民人均消费支出已经达到 10 129.8 元。

（5）农村居民主要食物消费的变化

饮食丰富、营养均衡能集中体现生活水平的提高。长期来看，我国农村居民粮食消费呈下降趋势，而油、肉、奶制品的消费逐步提高，2016 年这三类产品的消费分别达到 10.2 千克、30.6 千克和 6.6 千克，是 1990 年水平的 1.97 倍、2.43 倍和 6 倍。

（6）城乡居民恩格尔系数的变化

从代表居民生活水平的恩格尔系数来看，2016 年农村居民的食品支出在整体消费支出中降到三分之一以下。不过，总体上农村居民恩

格尔系数一直大于城镇居民的恩格尔系数，农民增收还需要各界继续努力。

5.3　社会服务功能

5.3.1　农村社会服务机构的发展

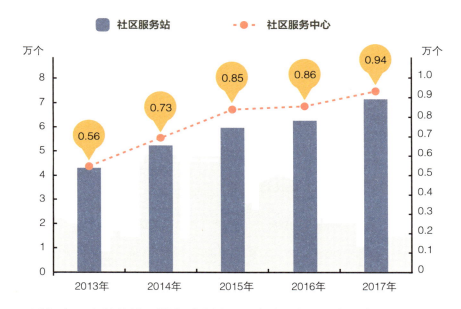

近年来，农村的社区服务站和社区服务中心数量开始增长，2017 年分别达到 7.2 万和 0.94 万个，当前农村社区服务机构的覆盖率已经达到 14% 以上。

5.3.2　社会支持和救济救援情况

（1）农村社会救济情况

1995—2014 年，我国对农村社会救济的费用不断增加，从 1995 年的 3.04 亿元增加到 2014 年的 1 092.38 亿元，占民政事业费支出总额的比重由 2.9% 上升至 24.8%。

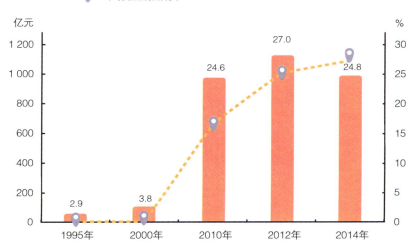

（2）农村最低生活保障情况

2001—2016 年，我国农村最低生活保障人数经历了先快速上升后缓慢下降的过程；从 2014 年开始，最低生活保障人数开始下降。2016 年我国最低保障人数 4 586.5 万人，同比下降 6.5%。

（3）农村五保供养情况

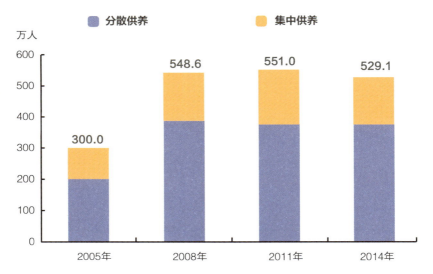

2005—2014 年，我国农村五保供养人数先上升后趋于平稳，其中分散供养人数多于集中供养人数，2016 年分散供养人数占总供养人数的 67%。

5.3.3 农村赈灾救灾情况

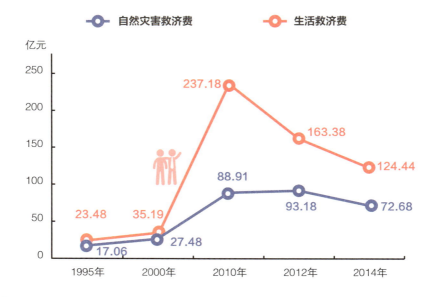

1995 年以来，我国农村自然灾害救济费和生活救济费呈现先增长后下降的趋势，尤其在 2000—2010 年救济费用大幅度增长，主要原因在于其间我国发生了多起重大自然灾害。

5.4 农村扶贫开发情况

5.4.1 农村贫困状况

（1）农村贫困发生率

改革开放以来，我国贫困发生率显著下降，农村脱贫致富效果显著。尤其是党的十八大以来，全国农村贫困人口累计减少 6 853 万人，贫困发生率从 2012 年的 10.2% 下降至 2017 年的 3.1%。

（2）精准扶贫

《关于创新机制扎实推进农村扶贫开发工作的意见》（中办发〔2013〕25号）明确指出："建立精准扶贫工作机制。国家制定统一的扶贫对象识别办法。各省（自治区、直辖市）在已有工作基础上，坚持扶贫开发和农村最低生活保障制度有效衔接，按照县为单位、规模控制、分级负责、精准识别、动态管理的原则，对每个贫困村、贫困户建档立卡，建设全国扶贫信息网络系统。专项扶贫措施要与贫困识别结果相衔接，深入分析致贫原因，逐村逐户制定帮扶措施，集中力量予以扶持，切实做到扶真贫、真扶贫，确保在规定时间内达到稳定脱贫目标。"

习近平总书记在党的十九大报告中更是强调要坚决打赢脱贫攻坚战，"确保到二〇二〇年我国现行标准下农村贫困人口实现脱贫，贫困县全部摘帽，解决区域性整体贫困，做到脱真贫、真脱贫。"

5.4.2 扶贫工作重点县的农村经济情况

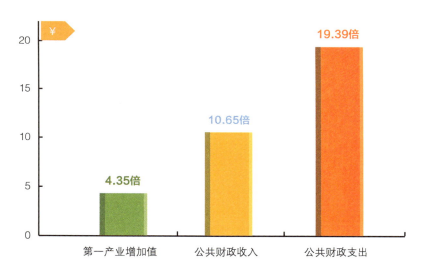

2000—2014年各指标增长倍数

2014 年，我国扶贫工作重点县的第一产业增加值达到 9 347 亿元，公共财政收入达到 2 603 亿元，公共财政支出达到 12 605 亿元，分别是 2000 年水平的 4.35 倍、10.65 倍和 19.39 倍。

第六章

改革进程中的生态文明建设

建设生态文明，是关系人民福祉、关乎民族未来的长远大计。面对资源约束趋紧、环境污染严重、生态系统退化的严峻形势，必须树立尊重自然、顺应自然、保护自然的生态文明理念，把生态文明建设放在突出地位，融入经济建设、政治建设、文化建设、社会建设各方面和全过程，努力建设美丽中国，实现中华民族永续发展。

——党的十八大报告

6.1　农村生态建设

6.1.1　耕地保护

（1）耕地和林地面积

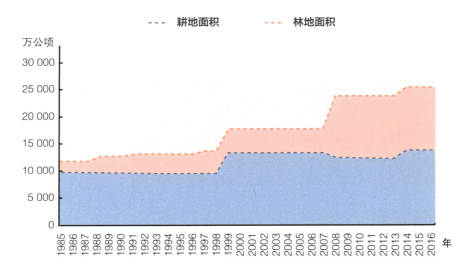

面对高速发展的城市建设对耕地保护带来的严峻挑战，我国通过实施严格的耕地保护制度，保证耕地数量"占补平衡"和耕地质量的不断优化。1985 年以来，我国耕地和林地面积都呈现出了稳定的上升趋势，2016 年耕地面积较 1985 年增加 3 805 万公顷，增幅达 39.28%；林地面积增加 13 765 万公顷，增幅达 119.43%。

（2）水土流失治理面积及节水灌溉面积

在耕地质量保护方面，我国不断加大对水土流失的治理力度，增加农田节水灌溉面积。2016 年水土流失治理面积 120.41 万公顷，较 1985 年增加 74.01 万公顷，增幅达 159%。2016 年节水灌溉面积达 32.85 万公顷，较 2000 年增长 1 倍左右。

（3）农田整治

2017 年 1 月，中共中央、国务院《关于加强耕地保护和改进占补平衡的意见》正式发布，这是时隔 20 年后，中央第二次印发耕地保护的意见。

（4）荒漠化土地面积

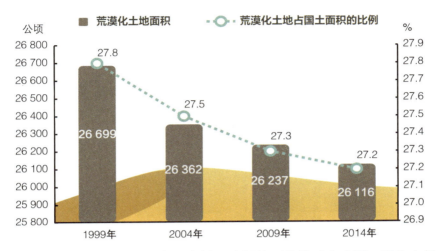

土地荒漠化和沙土化是我国农村环境保护面临的重大难题，近几十年来我国采取了退耕还林还草、林业重点保护工程等一系列重要生态保护措施。与1999年相比，2014年荒漠化土地占国土面积的比例从27.8%下降到27.2%。

6.1.2　造林绿化

（1）森林覆盖率的变化

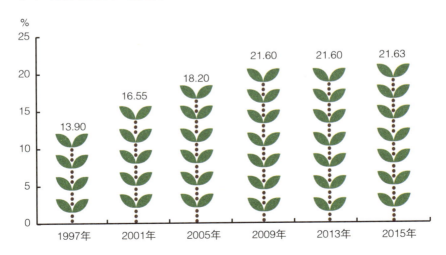

通过天然林保护工程、退耕还林还草工程、防护林体系建设等重点林业工程建设，我国森林资源保护工作取得了长足进步，森林覆盖率由 1997 年的 13.90% 提升至 2015 年的 21.63%。

（2）退耕还林工程

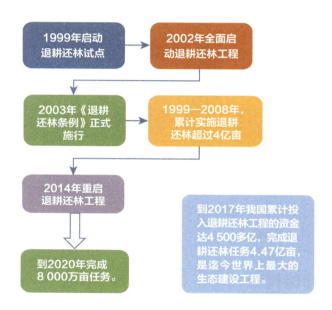

（3）全国林业重点生态工程完成的造林面积

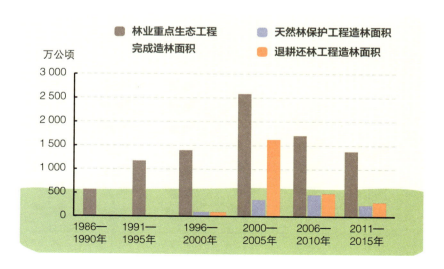

进入 21 世纪，造林工程大幅度推进。2000—2005 年，林业重点工程完成造林面积 2 592.56 万公顷，是 1986—1990 年完成造林面积的 4.4 倍左右。

（4）林业投资完成情况

2015 年，林业投资完成额为 2 752 809 万元，相较 2004 年的 2 357 412 万元，增加 395 397 万元，累计增幅 16.8%。其中，2015 年国家投资 2 520 733 万元，占全部林业投资额的 91.6%，较 2004 年增加投资 389 907 万元。

（5）西部大开发地区造林情况

西部地区是我国重要的生态安全屏障，加强西部地区生态环境建设和保护是西部大开发的重要内容。通过建立完善的生态补偿机制以及稳步推进生态移民等措施，西部地区生态环境建设取得了重要成果。2014年，西部地区年末实有封山（沙）育林面积 1 510.10 万公顷，较 1990年增加 708.44 万公顷，增幅达 88%。荒山荒（沙）地 2014 年造林面积达 271.21 万公顷，较 1990 年增加 56.72 万公顷。

（6）乡镇园林绿化情况

与 2007 年相比，2016 年建制镇绿化覆盖面积增加 279 657.86 万公顷，涨幅达 71.8%；2016 年乡拥有绿化覆盖面积较 2007 年增加 17 749.08 万公顷，累计增加 23.8%。

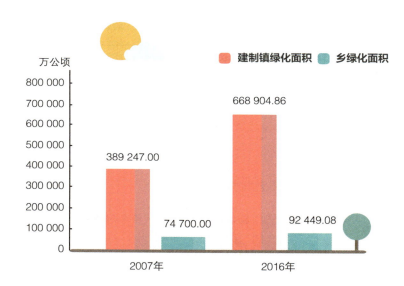

6.1.3 自然资源保护

（1）自然保护区面积

改革开放以来，我国划定的自然保护区面积不断增加，2015 年达到 14 703 万公顷，较 1997 年增加 7 005 万公顷，增长了 90% 以上。

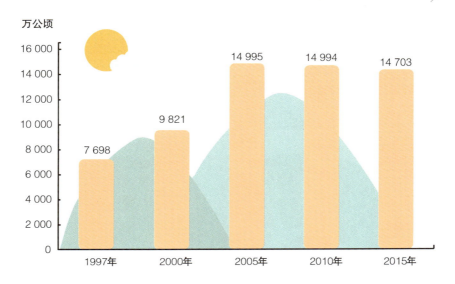

（2）自然保护区面积占辖区面积比重

全国自然保护区面积占辖区面积比重平均在 14% ～ 15%，其中西藏（33.68%）、青海（29.99%）、甘肃（17.05%）、四川（17.05%）、黑龙江（15.88%）自然保护区面积占辖区面积比重位居全国前列。

（3）全国湿地面积

2015 年全国共有湿地面积 5 360.26 万公顷，占国土面积比重为 5.56%，较 2003 年增加了 1 511.66 万公顷，涨幅为 39.3%。

2016 年《湿地保护修复制度方案》提出，到 2020 年湿地面积不低于 8 亿亩（约 5 300 万公顷）的生态文明建设目标。

（4）河流水质评价状况

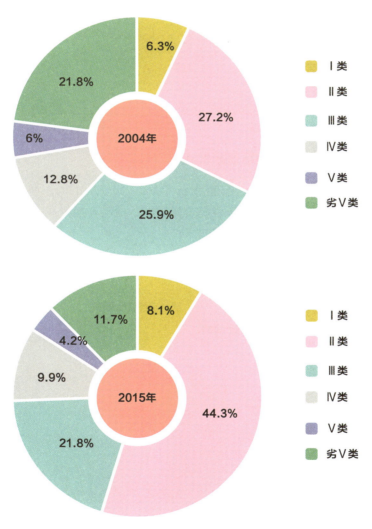

与 2004 年相比，全国河流水质状况有了良好改善。2015 年，44.3% 的河流河长可以达到 Ⅱ 类水质，较 2004 年提高 17.1%，Ⅰ 类水质河流河长占

比从 6.3% 增长至 8.1%，劣 V 类水质河流河长占比从 2004 年的 21.8% 下降至 2015 的 11.7%。

6.1.4　农村清洁能源

（1）人均生活用能量

1980 年以来，人均生活用能量有了显著提升。与全国人均生活用能量相比，农村人均生活用能量增长更快，从 1980 年的 60 千克标准煤增长至 2016 年的 390 千克标准煤，增加了 5 倍以上，2016 年农村人均生活用能量已经与全国人均生活用能量基本持平。

（2）农村清洁能源使用情况

发展清洁能源，改变农村能源消费结构是减少农村环境污染、改善农村生态环境的重要手段。2000 年以来，农村清洁能源生产和使用数量都实现了大幅增长，其中农村沼气池产气量 2016 年达 144.9 亿米^3，累计增幅 459%，年均增长 27%；太阳能热水器使用面积从 2000 年的 1 107.8 万米^2 增长至 2017 年的 8 623.7 万米^2，累计增长 7 515.9 万米^2，年均增幅达 40% 左右。

6.2 环境保护和综合整治

6.2.1 面源污染防治

（1）农用化肥、农膜和农药的使用

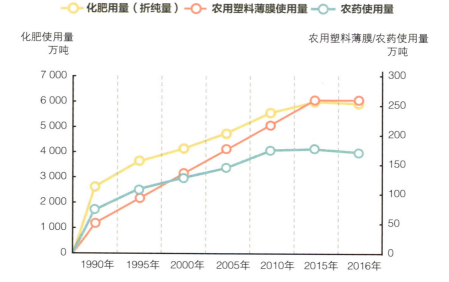

化肥、农用塑料薄膜以及农药的过量使用是造成农业面源污染的主要原因。近年来，国家不断加强对农业面源污染的治理力度，通过提高化肥使用效率、加强农药使用管理、推广农用塑料薄膜回收利用机制等方法，有效抑制了化肥、农药、农用塑料薄膜使用数量的增长。2010 年以后，农药使用量逐渐下降，化肥使用量增长速度逐渐放缓，农用塑料薄膜使用量在 2016年实现近 30 年以来的首次下降。

（2）测土配方

2005 年，农业部启动测土配方施肥技术，初期计划在全国 2 亿亩的耕地上应用。2008 年测土配方施肥覆盖 1 861 个县，到 2009 年底，测土配方施肥技术推广到 10 亿亩，覆盖所有农业县，受益农户达 1.5 亿户。在项目推广实施的 5 年中，中央财政累计投入达 40 亿元。"十二五"期间，科学施肥仍然是节能减排全民行动的重要举措。2015 年农业部制定了《到 2020 年化肥使用量零增长行动方案》。

6.2.2　生态环境硬件建设

（1）乡镇排水和污水处理厂数量

截至 2016 年，全国共有 5 071 个建制镇、984 个乡对辖区内生产生活污水进行处理，占全国建制镇及乡比例分别为 28.2% 和 9.04%。与 2007年相比，建制镇拥有的污水处理厂个数从 763 个上升至 3 409 个，污水处理能力从 416.7 万米³/ 日提升至 1 422.7 万米³/ 日；乡拥有的污水处理厂个数从 39 个上升至 441 个，污水处理能力从 7.41 万米³/ 日提升至25.7 万米³/ 日。

（2）乡镇排水管道长度

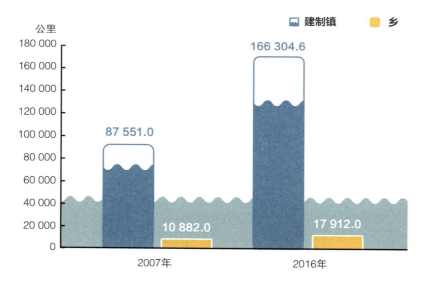

与 2007 年相比，建制镇及乡排水能力有了显著提升。其中，2016 年建制镇累计拥有排水管道长度较 2007 年翻了将近一番，从 87 551.0 公里增长至 166 304.6 公里。乡拥有排水管道长度从 10 882 公里增长至 17 912.0 公里，累计涨幅 64.6%。

（3）乡镇生活垃圾中转站拥有数量

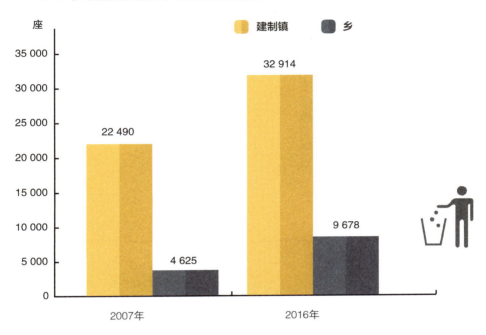

与 2007 年相比，2016 年建制镇及乡生活垃圾处理能力有了显著提升。其中，建制镇拥有的生活垃圾中转站从 22 490 座增加至 32 914 座，增加了 46.3%；乡拥有的生活垃圾中转站从 4 625 座增加至 9 678 座，是 2007 年的 2 倍左右。

6.2.3　综合整治

（1）卫生厕所使用情况

改善农村居民生活环境也是农村生态文明建设的重要内容。在国家"厕所革命"的补贴支持下，2000 年以来，我国农村卫生厕所普及率有了显著提高。累计使用卫生厕所户数由 2000 年的 9 572 万户增长至 2016 年的 21 460 万户，累计增长 11 888 万户，增长了 1.2 倍左右。卫生厕所普及率由 2000 年的 44.8% 增长至 2016 年的 80.3%，大部分农户已经实现对卫生厕所的使用。

（2）各地区农村卫生环境状况

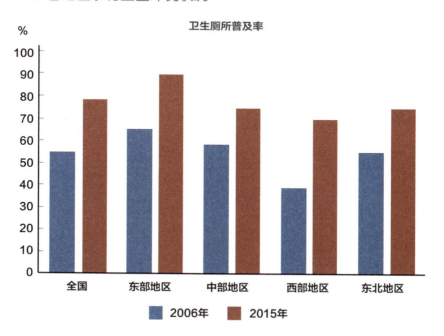

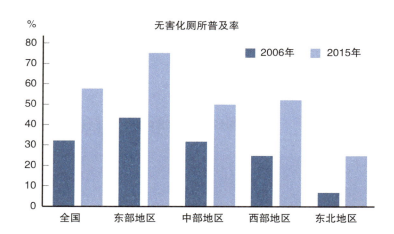

2015 年，全国农村卫生厕所普及率从 2006 年的 54.95% 提升至 78.43%，无害化厕所普及率从 2006 年的 32.31% 提升至 57.48%，农村卫生环境状况有了明显改善。分区域来看，东部地区农村卫生环境状况明显高于全国平均水平，2015 年东部地区卫生厕所普及率达到 89.89%，东北地区达到 74.86%，中部地区达到 74.59%，西部地区达到 69.78%。

（3）农村改水累计受益户数及受益率

到 2014 年，通过实施农村安全饮水等项目，全国累计有 91 511 万人从农村改水项目工程中受益，较 2000 年增加 3 399 万人，累计增长 4% 左右。农村改水累计受益率也从 2000 年的 92.4% 提升至 2014 年的 95.8%。

（4）各地区农村改水累计受益率

分地区来看，2014 年，共有 18 个省（自治区、直辖市）农村改水累计收益率高于全国平均水平，部分发达地区如北京、天津、上海等实现 100% 的累计受益率，未来我国农村改水工作应重点关注欠发达的中西部地区。

6.3 乡村旅游

6.3.1 乡村旅游的规模

进入 21 世纪以来，乡村旅游获得极大发展。2006 年被确定为"乡村旅游年"，推动旅游开发与生态保护的结合。"十二五"时期，乡村旅游的游客接待数和营业收入年均增速均超 10%。根据农业部统计，2015 年全国休闲农业和乡村旅游从业人员 790 万人，其中农民从业人员 630 万人。国务院发布《"十三五"旅游业发展规划》（国发〔2016〕70 号），要求通过发展乡村旅游，带动贫困村脱贫。

6.3.2　乡村旅游升级

近年来，农业部门大力推动休闲农业和乡村旅游，着力实现多方位的升级，全面提升乡村旅游的品质，使其朝着高质高效目标前进。

望得见山、看得见水、记得住乡愁

图书在版编目（CIP）数据

图解中国农村改革40年：1978—2017 / 吕之望，辛贤主编. —北京：中国农业出版社，2018.12

 ISBN 978-7-109-24753-6

 Ⅰ.①图… Ⅱ.①吕…②辛… Ⅲ.①农村经济–经济体制改革–研究–中国–1978—2017 Ⅳ.①F320.2

 中国版本图书馆CIP数据核字（2018）第239545号

中国农业出版社出版

（北京市朝阳区麦子店街18号楼）

（邮政编码 100125）

责任编辑 孙鸣凤

————————————

北京通州皇家印刷厂印刷 新华书店北京发行所发行

2018年12月第1版 2018年12月北京第1次印刷

开本：700mm×1000mm 1/16 印张：6.75

字数：120千字

定价：68.00元

（凡本版图书出现印刷、装订错误，请向出版社发行部调换）